이선비, 장터에 가다

이선비, 장터에 가다

세계로 글·기획 | 황문숙 동화 | 경혜원 그림

Mirae N 아이세움

차 례

동래 상인을 만나다 • 6
장터는 어떤 곳일까? • 22

보부상을 만나다 • 24
장터에는 어떤 사람들이 있었을까? • 38

장터에 가다 • 40
어느 지역 상인이 활발하게 활동했을까? • 60

상소문을 올리다 • 62
조선 시대 유명한 상인은 누구였을까? • 78

자유로운 상업을 허하라 • 80
한양의 장터는 어떤 모습이었을까? • 96

쌀 폭동이 일어나다 • 96
소문난 장터는 어디였을까? • 116

세계로 선생님들이 들려주는 장터 이야기 • 118

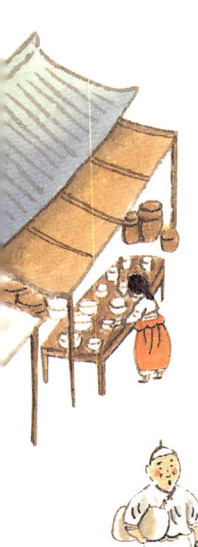

나오는 사람들

이세로 (이선비)

조선 시대의 좌충우돌 호기심 많은 선비. 동래에 갔다가 거상 정원우를 만나고 그를 통해 상업과 장사에 눈을 뜨게 된다. 농사를 지을 수 없는 사람들이 상업을 통해 생계를 잇게 되었으면 하는 생각으로 상업에 대한 나라의 규제와 거대 상인들의 횡포를 풀기 위해 애를 쓰는데…….

전서현

가난한 양반 집안의 아들. 벼슬을 하지 못했지만 땅이 없어 농사도 짓지 못하는 아버지 때문에 항상 궁핍하다. 이세로를 만나고 마음을 바꿔 장사에 뛰어들 결심을 한다. 배고픈 소년 전서현은 훌륭한 상인이 될 수 있을까?

정원우 (정 행수)

대대로 개성에서 장사를 했던 집안이었지만 동래로 내려와 상인이 된 정원우. 왜나라와의 무역에 도전해 큰돈을 벌었고 백성을 위해 그 돈을 아낌없이 쓰는 등 훌륭한 상인의 모습을 보여 준다.

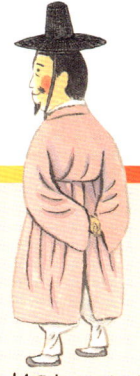

오하진 (오 행수)

상인들의 모임인 상단의 우두머리. 이세로를 데리고 장터를 다니면서 한양의 시전과 백성들이 벌이는 난전, 그리고 자유로운 상업 활동에 대해 소개해 준다.

동래 상인을 만나다

"하하하하, 이선비님! 이게 얼마만입니까? 정말 보고 싶었습니다."

"그동안 어찌 지내셨습니까, 김개똥 의원. 건강해 보이십니다!"

세로와 김개똥 의원은 너무나 반가운 마음에 마당에 서서 한참 동안 이야기를 나누었어요. 그러다 대문 앞이 소란스럽다는 사실을 문득 깨달았죠.

"여기까지 와서 이러기냐? 이놈아, 좀 움직여라! 이랴! 이랴!"

동래관청 대문 앞에서 한 사내가 꿈쩍도 하지 않는 소와 씨름을 하고 있었어요. 그 소는 쌀과 면포가 가득 실린 수레를 더 이상 끌기 싫다는 듯 느릿느릿 되새김질만 하고 있었죠. 결국 사내는 소를 달래기 시작했어요.

"집에 돌아가면 푹 끓여 놓은 여물을 잔뜩 먹여 줄 테니 저기 저 앞까지만 가 주렴. 응? 내가 이렇게 빈다."

그 순간 놀랍게도 소의 눈빛이 달라졌어요. 그러고는 거친 콧김을 쉭쉭 내뿜으며 무거운 수레를 앞으로 끌고 가는 것이 아니겠어요? 마침내 동래관청 마당에 들어서자 사내는 소의 등을 쓰다듬으며 껄껄껄 웃었어요.

"나와 흥정을 하다니! 이런 영특한 놈을 봤나!"

그 사내를 본 김개똥 의원이 환한 미소를 지으며 뛰어갔어요.

"정 행수! 오랜만에 오시었군요!"

"김 의원! 그간 안녕하시었소? 저번에 말한 약재가 들어왔길래 얼른 전해 주려고 이렇게 왔수다."

"정말입니까? 마침 그 약이 꼭 필요한 환자가 있어서 애를 태우던 참이었는데……. 매번 이렇게 도와주시니 뭐라 감사를 드려야 할지…….”

그때 세로와 눈이 마주친 정 행수가 궁금한 표정을 지었어요.

"그런데 김 의원, 뒤에 계신 이는 누구시오?"

"이런, 내 정신 보게. 인사 나누십시오. 제가 전에 이야기했던 이세로 선비입니다."

"아! 김 의원을 전하께 데려갔다는 그분?"

사내는 친한 벗을 만난 것처럼 반가워했어요.

"김 의원에게 이야기 많이 들었습니다. 나는 장사꾼, 정원우라 하오."

"처음 뵙겠습니다. 이세로라고 합니다."

동래 상인인 정원우는 아무도 고치지 못하던 자신의 병을 김개똥 의원이 치료하자 그 후로 김개똥 의원의 열렬한 후원자가 되었대요. 병자들을 위한 먹을 것, 입을 것을 내놓았을 뿐 아니라 구하기 힘든 외국의 약재도 구해다 주었죠. 설명을 듣고 나자 세로는 정원우가 다시 보였어요.

"정말……, 훌륭한 일을 하고 계십니다."

세로의 칭찬에 정원우는 호탕하게 웃으며 말했어요.

"하하하! 훌륭한 일이라니 당치도 않습니다. 그저 목숨을 살려 준 은혜를 갚는 것뿐입니다."

정원우는 싣고 온 물건을 모두 내린 후 두 사람을 집으로 초대했어요.

"한양서 귀한 손님이 오셨으니 내 집에서 술 한잔 걸칩시다!"

정원우의 집에 도착한 세로는 입을 다물지 못했어요. 고래등 같은 기와집이 외국에서 들여온 것이 분명한, 온갖 귀한 물건들로 꾸며져 있었거든요.

"수레를 직접 끌고 오기에 평범한 장사꾼인 줄 알았는데……. 집이 정말 으리으리합니다."

김개똥 의원이 짓궂은 미소를 지으며 속삭였어요.

"정 행수는 그냥 동래 상인이 아닙니다. 왜관에서 왜나라와의 무역으로 큰돈을 벌고 있는 거상입니다. 아마 조선에서 열 손가락 안에 드는 부자일걸요?"

그때 수십 명의 하인들이 푸짐하게 차려진 소반을 들고 대문 밖을 들락날락하는 모습이 눈에 들어왔어요. 김 의원이 그중 한 명을 불러 세웠어요.

"집이 왜 이리 부산한가? 그 음식들은 왜 밖으로 가져가는 건가?"

하인이 눈을 동그랗게 뜨며 대답했어요.

"오늘이 주인나리 생신 잔치가 열리는 날이니까요. 매년 생신에는 이웃마을의 가난한 이들까지 모두 불러 음식을 대접하라 하시니 그 덕에 저희는 앉아 쉴 틈도 없습니다. 그럼 저는 바빠서 이만."

하인은 소반을 들고 쪼르르 뛰어갔어요. 세로와 김 의원은 난감한 표정으로 마주 보았어요.

"생신 잔치인지도 모르고 빈손으로 왔으니 이를 어쩐답니까."

두 사람이 안마당으로 들어서자 마당 한가운데에 커다란 잔칫상이 차려져 있었어요. 그리고 수많은 손님들이 앉아 있었는데 왜인들도 여럿 섞여 있었죠. 잠시 후 화려한 의복으로 갈아입은 정원우가 나타나자 사람들이 일제히 축하 인사를 건넸어요.

"정 행수! 생신 축하드립니다!"

"이렇게 와 주셔서 진심으로 고맙습니다. 정성껏 차렸으니 많이들 드십시오."

상 위에는 궐에서도 구경하기 힘든 음식들이 산처럼 쌓여 있었어요. 그중에서 세로는 황갈색의 동그란 과일에 호기심이 일었어요.

'이게 뭐지? 은행나무 열매처럼 생겼는데 달콤한 향이 나는 것이 과일 같기도 하고……. 그나저나 어떻게 먹는 걸까?'

세로는 그 과일을 들고 한참 고민했어요. 그러다 에라 모르겠다, 입에 쏙 집어넣고 깨물었죠. 하지만 인상을 쓰며 곧바로 뱉어 내고 말았어요. 껍질이 질기고 텁텁했거든요. 그 모습을 본 옆자리 남자가 웃음을 참으며 말했어요.

"이건 중국에서 가져온 과일로 용의 눈을 닮았다 하여 용안이라 부릅니다. 껍질을 손으로 벗겨 그 안의 하얀 과육을 드시면 됩니다."

설명을 들어도 세로가 어찌할 바를 몰라 하자 남자가 직접 껍질을 까기 시작했어요. 손톱으로 살짝 눌러 용안의 껍질을 벗겨 내자 탱탱하고 하얀 과육이 모습을 드러냈어요. 세로는 남자가 건넨 용안을 입에 넣었어요. 그러자 기분 좋은 나무 향과 함께 단맛과 신맛이 조화를 이루며 입 안 가득 퍼졌어요.

"세상에! 이 맛을 뭐라 설명해야 할지……. 신선들이 먹는 과일 같습니다!"

세로의 호들갑스러운 반응에 남자는 크게 웃음을 터트렸어요.

"하하하, 맛도 좋고 몸에도 좋아 불로장생의 과일이라고도 한답니다. 처음 뵙겠습니다. 저는 한양에서 온 역관 김서희라 합니다."

역관은 사신과 함께 외국에 파견되어 통역을 하는 관리로 대부분 외국에 조선의 인삼을 팔고 그 돈으로 다른 물건을 들여와 돈을 벌었어요. 김서희도 역관의 신분으로 청나라를 오가며 비단과 명주실 등을 들여오는 무역을 하고 있었죠.

"남쪽 끝인 동래까지 어쩐 일로 오셨습니까? 정 행수와 특별한 친분이라도?"

"청에서 들여온 물건을 왜에 팔기 위해 내려왔습니다. 정 행수 말로는 청에서 사 온 값보다 두세 배는 더 쳐서 팔 수 있다 하더군요. 정 행수와는 개성에서 인삼을 사고팔 때부터 인연이 있어 그의 장사 수완을 믿고 내려왔습니다."

역관 김서희의 말에 세로가 고개를 갸웃거렸어요.

"개성이오? 정 행수가 개성에서도 장사를 합니까?"

그때, 정 행수가 두 사람의 대화에 끼었어요.

"나는 원래 동래 상인이 아닌 개성 상인이었소."

정원우의 집안은 대대로 개성에서 인삼을 취급해 온 삼상이었어요. 하지만 청나라와의 무역을 독차지한 의주 상인 때문에 장사가 여의치 않자 새로운 시장으로 눈을 돌렸대요.

"청나라에서도 인삼이 귀하니 왜에서도 마찬가지 아니겠소? 그래서 동래로 내려와 왜관을 살펴보았소. 확실히 거래 규모가 작고 상인의 수도 개성이나 의주에 비해 적습디다. 그 길로 바로 개성에 계신 아버지께 연락해 인삼을 보내 달라 했소. 그 덕에 큰돈을 벌 수 있었습니다."

정원우의 말에 주변 상인들이 한마디씩 보탰어요.

"당시 왜인들은 더 많은 인삼을 사고 싶어 했지만 공급할 상인이 없었습니다. 그걸 보고 정 행수가 만 리 길도 마다하지 않고 내려온 것이지요. 대단한 승부사입니다."

"그 덕에 동래 제일의 부상이 되었지요. 그 뒤로 다른 개성 상인들도 내려왔지만 처음 내려온 정 행수만큼 돈을 벌지는 못했습니다. 하하하."

세로는 경이로운 눈으로 정원우를 바라보았어요.

'머리가 비상하고 도전을 두려워하지 않는 사람이로구나. 심지어 그렇게 번 돈을 백성들을 위해 아낌없이 내놓을 줄도 알고. 참 훌륭한 상인이야.'

그때 남루한 차림의 선비가 비틀거리며 안마당으로 들어왔어요.

"남의 물건을 팔아 돈을 버는 천한 행위가 그렇게 자랑할 거리더냐! 오호, 통재라! 조선이 어찌하여 이런 꼴이 되었는가!"

술에 잔뜩 취한 선비의 말에 손님들 모두 불쾌한 표정을 지었어요. 아들로 보이는 소년이 달려와 선비를 말렸지만 소용이 없었죠.

"천한 것들이 비단 옷을 입고 좋은 음식을 먹는다고 그 근본이 바뀌느냐? 썩은 내가 진동을 하는구나! 서현아, 너도 역겹지 않으냐? 딸꾹!"

선비의 술주정과 험담이 계속되자 같은 양반인 세로가 벌떡 일어났어요.

"체통을 지키십시오! 남의 집 잔치에 와서 이런 추태를 부리다니 부끄럽지도 않소? 그리고 장사를 해 돈을 버는 것이 천한 행위라면 선비께서 먹고 마신 그 음식들도 천한 것! 그것을 목구멍으로 어찌 넘기고 그 입으로 그런 말을 할 수가 있소? 선비는 정 행수처럼 아픈 이웃을 돌보고 가난한 이웃을 위해 호의를 베푼 적이 한 번이라도 있으시오?"

선비는 말문이 막혔는지 세로를 멀뚱멀뚱 쳐다보기만 했어요.

"아버지, 어서 집으로 돌아가요. 어서요."

아들이 선비를 데리고 나가자 김서희가 술잔을 들며 말했어요.

"쯧쯧, 피골이 상접한 모습을 보니 꽤 오래 굶은 듯한데……. 먹을거리를 구할 생각은 하지 않고 책만 읽은 모양입니다. 아무리 가난해도 양반입네 하고 일할 생각조차 하지 않으니……. 나라의 큰

좀이 아니고 뭡니까? 저렇게 놀고먹는 양반들에게 상업을 장려하면 놀고먹는 폐단이 사라지고, 조선도 청나라처럼 부유해질 수 있을 텐데. 장사하는 것을 저리 천하게 여기니 참으로 답답한 노릇입니다."

다른 상인들도 고개를 끄덕였어요.

"청나라에 가 보니 물건의 이동이 자유로워 백성들도 부족함 없이 풍요롭게 살고 있더이다. 허나 조선은 한쪽에서는 물건이 넘쳐 썩어 나가고 한쪽에서는 물건을 구하기 힘드니 백성들의 삶이 팍팍할 수밖에 없어요. 심지어 일부 상인들은 이를 이용해 물건을 한꺼번에 사서 쌓아 놓고 물건 값이 오르면 되파는 매점매석을 일삼으니 그 피해가 고스란히 백성들에게 가는 것 아니겠습니까?"

"맞습니다. 이제 조선도 상업을 다른 눈으로 보아야 할 때가 아닌가 싶습니다."

세로는 상인들이 나누는 이야기에 충격을 받았어요. 그리고 전에는 생각조차 해 보지 않았던 '장사'라는 것에 관심이 생겼어요.

장터는 어떤 곳일까?

장터는 어떤 곳이며 어떻게 시작됐을까?

　장터, 즉 시장은 물건을 사고자 하는 사람과 팔고자 하는 사람이 만나 가격을 정해 교환을 하는 곳입니다. 그리고 많은 사람들이 모이면서 외부의 소식과 정보가 교환되며 지역과 지역을 연결하는 사회, 문화적 활동이 이루어지는 곳이기도 하였습니다.

　중국 역사책 《신당서》의 기록에 보면 '신라의 시장에서는 모든 부녀들이 장사를 했다.'라는 기록이 있어 시장에서 거래가 활발하게 이루어졌음을 묘사하고 있으나, 시장이 본격적으로 제 모습을 갖추고 기능하게 된 것은 국가 체제가 정비되는 고려 시대부터로 여겨집니다. 고려 시대 시장은 성읍을 중심으로 이루어지다 점차 거주지역이 정비되고 인구가 늘어나면서 조선 시대 정기적으로 열리는 시장으로 발전된 것입니다.

　조선 시대 시장에는 5일장, 10일장 등 정기적으로 열리는 정기 시장, 배가 도착할 때 열리는 포구장, 한양에 있는 시장인 경시, 지방의 시장인 향시, 국가로부터 허가를 받은 시전과 그렇지 않은 난전 등이 있었습니다. 한양에 있었던 대표적인 시전에는 육의전이, 난전에는 남대문 밖의 칠패, 동대문 밖의 이현이 있었습니다.

1. 필요한 정보를 주고받거나 알리는 장소

　장터는 사람들끼리 소식과 정보를 주고받는 장소가 되기도 하고, 사람들이 많이 모이는 특성을 이용해 나라에서 왕의 명령이나 국가 시책을 반포하고 홍보하기도 했지요.

2. 백성들이 심정을 드러내는 장소

장터는 백성들이 불평불만, 억울함을 호소하는 장소가 되기도 했습니다. 사람들이 많이 모이는 길목이나 교통이 좋은 곳에 벽서(벽에 붙이는 글) 등을 붙여 자신의 뜻을 알리고 조정에 타격을 주고자 했지요.

3. 죄 지은 자를 처벌하는 장소

장터는 죄를 지은 자를 처벌하는 장소로 이용되기도 했습니다. 세조 임금 때 사육신을 처형하고 그 목을 장터에 내건 일이나 19세기 초 홍경래의 난이 일어나자 그 난에 가담한 사람들을 시장에서 처형한 일 등을 예로 들 수 있습니다. 반역을 꾀하거나 민심을 흐트러뜨린 자들을 공개된 장소인 장터에서 보란 듯이 처벌해 본인 또는 가문에 수치심과 고통을 주는 동시에 백성들에게 경각심을 일깨우는 기회로 삼았습니다.

4. 놀이와 화합의 장소

장터의 분위기를 돋우기 위해 마을의 부자 상인들은 놀이패에게 비용을 주고 장이 서는 동안 놀이를 하도록 했습니다. 남사당놀이, 보부상놀이 등과 씨름, 윷놀이 등 각종 민속놀이가 펼쳐지면 백성들은 색다른 구경거리에 즐거워했습니다. 장터

옛날 경기도 평택 시장의 모습

에서 행해지던 민속놀이는 각 지역별로 다른데 황해도의 봉산 탈춤, 경상남도 일대의 오광대놀이, 경기도의 양주 별산대놀이, 송파 산대놀이 등이 대표적입니다.

보부상을 만나다

달이 뜨고도 한참이 지난 후에야 손님들이 하나둘씩 자리에서 일어났어요. 정 행수는 아쉬운 표정으로 세로와 김개똥 의원을 배웅했어요.

"이선비님, 이렇게 인연이 되어 얼마나 기쁜지 모릅니다. 선비님도 즐거우셨습니까?"

"아주 재미있고 유익한 시간이었습니다. 초대해 주셔서 감사합니다. 한양에 들르시면 제가 약소하나마 대접을 할 터이니 꼭 연락 주십시오."

"좋습니다! 이선비님도 필요한 것이 있으면 기별만 주십시오. 뭐든 구해다 드리겠습니다."

세로는 정 행수가 챙겨 준 용안 보따리를 들고 집으로 돌아왔어요. 모두가 잠들고 아내 진서만 홀로 깨어 있었죠. 세로는 진서에게 용안을 까 주며 오늘 있었던 일을 말해 주었어요. 처음 맛본 용안에 푹 빠져 있던 진서는 역관 김서희 얘기에서 눈을 빛냈어요.

"저도 그 분 말에 찬성입니다. 부쳐 먹을 땅도 없고 관직에 나가지도 못한 양반들이 책에서 배운 세상의 이치를 상업에 이용한다면 밥벌이는 충분히 하겠죠. 하지만, 걸림돌이 하나 있습니다."

세로가 고개를 갸웃거렸어요.

"그게 무엇입니까, 부인?"

"서방님께서는 남대문 밖의 칠패나 동대문 밖의 이현에 가 보신 적 있습니까?"

"칠패라면……. 생선과 해산물들을 많이 파는 시장 아닙니까?"

"네, 두 시장은 백성들이 하루 먹을 곡식을 마련하기 위해 직접 잡은 물고기나 집에서 짠 삼베, 산에서 해 온 땔감, 계란이나 나물 등을 파는 곳입니다. 하지만 허가 없이 길에 함부로 벌여 놓은 난전이라는 이유로 물건을 빼앗기기 일쑤랍니다."

세로는 깜짝 놀라며 물었어요.

"누가 물건을 빼앗아 간단 말이오?"

"시전 상인들이 무뢰배들을 끌고 오거나 관아에서 관군들이 나와 난전을 단속하고 물건을 빼앗아 갑니다."

"아, 한양에서는 관의 허가를 받은 상인들만 장사를 할 수 있으니 난전을 차리는 것은 불법 행위이긴 하지요……."

사실, 한양에서 장사를 하는 것은 아주 어려운 일이었어요. 관청의 허가를 받아 장사를 하는 대신 관에 필수품을 공급하는 상점을 시전이라 하는데, 시전의 상인들은 쌀이나 옷감 등 특정 상품을 판매할 수 있는 독점권과 난전을 금지할 수 있는 권리인 금난전권을 갖고 있었죠. 물론 동네를 돌아다니며 물건을 파는 행상들도 있었어요. 하지만 이들은 반드시 시전에서 구입한 것만 팔 수 있었어요. 만일 농부가 자신이 추수한 쌀을 시전 안에 있는 싸전에 넘기지 않고 직접 팔면 난전이라 하여 물건을 빼앗겼죠. 진서는 바로 그것이 큰 문제라며 한 가지 이야기를 들려주었어요.

"지난 여름에 동대문 밖 이현 시장에 갔다가 꽤 잘 짜인 삼베를 보았습니다. 삼베를 파는 나이 지긋한 사내는 구경하는 제게 계속 살 거냐고 재촉을 하더군요. 안절부절못하는 모양새가 이상하여 물어보니, 아버지의 병세가 위독하여 인삼을 사야 하는데 가진 돈이 없어 아내가 직접 짠 삼베를 가지고 나왔다는 것이었습니다."

"삼베는 삼베를 취급하는 포전에 가져가 팔아야 하는 것 아닙니까?"

"안 그래도 포전에 가지고 갔답니다. 그런데 포전 상인이 생각보다 터무니없이 싼 가격에 팔라고 했다지 뭡니까? 그 돈으로는 인삼 한 뿌리도 살 수 없어 직접 팔려고 가져왔답니다. 그래도 그 사내가 부르는 값은 포전에서 사는 것보다는 훨씬 쌌습니다. 그런 식으로 시전 상인들은 엄청난 이문을 남기고 있는 것이었죠."

사내의 안타까운 사연에 세로는 한숨을 쉬었어요.

"그래서요? 그 삼베는 샀습니까?"

"살 수 없었습니다. 왜냐하면 그때 포전 상인이 무뢰배들을 데리고 와 사내를 두들겨 패고 삼베를 빼앗아 갔거든요. 그 사내는 얻어맞으면서도 상인의 다리를 붙들고 애원했습니다. 하지만 인정사정 봐주질 않더군요. 삼베를 빼앗긴 사내가 어찌나 서럽게 울

던지…….”

"어떻게 그럴 수가! 그만한 사정이라면 나라의 법이 아무리 중하다 해도 눈감아 주는 것이 사람 된 도리이거늘! 시전 상인들의 행패가 도를 넘은 것이 분명합니다!"

세로의 아내 진서는 시전 상인들이 계란 몇 꾸러미, 생선젓 한 단지라도 팔아 하루 먹을 양식을 구하려는 백성들에게까지 횡포를 부린다고 말했어요.

"그래서 동대문과 남대문 주변은 날마다 울음소리가 끊이지 않고 있습니다. 그러니 시전 상인들에 대한 원망이 하늘을 찌를 정도지요."

그날 이후 세로는 시전 상인들의 횡포를 막고 백성들이 자유롭게 물건을 사고팔 수 있는 방법이 없을까 고민했어요. 그리고 시간이 흘러 다시 한양으로 올라갈 날이 되었어요.

"이렇게 가면 또 언제 보려나…….”

세로의 부모님은 눈물을 훔치며 손자 성원이를 품에 꼭 껴안으셨죠.

"몸 건강히 계십시오. 조만간 또 찾아뵙겠습니다."

세로와 진서는 부모님께 큰절을 올리고 길을 떠났어요. 그런데 동래를 떠난 지 사흘째 되는 날 문제가 생기고 말았어요. 깊은 산속에서 진서가 그만 발을 헛디디고 만 것이에요.

"아아악!"

진서는 비명소리와 함께 크게 넘어졌어요. 등에 업혀 있던 성원이도 깜짝 놀라 큰 소리로 울기 시작했죠. 잠시 후 진서의 발목이 퉁퉁 부어오르기 시작했어요. 이제 곧 어둠이 내릴 텐데, 세로와 돌쇠는 눈앞이 캄캄했어요.

"나리, 제가 얼른 산을 내려가 사람들을 불러올게유. 여기 꼼짝 말고 계셔유."

돌쇠가 숲속으로 사라지고 한참이 지났어요. 땅거미가 서서히 내려앉기 시작하자 세로와 진서는 불안해졌죠. 그런데 그때 기적처럼 한 무리의 사람들이 나타났어요.

"무슨 일입니까? 어디 다치었소?"

그들은 보부상이었어요. 세로의 딱한 사정을 들은 그들은 잠시 눈짓을 주고받더니 지게를 내려놓으며 말했어요.

"조금 있으면 컴컴해질 겁니다. 우선 산을 내려가야 하니 지게에 올라타시오."

보부상 한 명이 자신의 짐을 동료들에게 나눠 준 후 지게에 진서를 태웠어요. 세로는 성원이를 업고 그들을 따라갔죠. 보부상들은 무거운 지게를 지고서도 산길을 뛰어가듯 내려갔어요. 한참 후 산을 내려오자 주위는 완전히 컴컴해졌어요. 다행히 산 아래에서 마을을 찾아 헤매던 돌쇠도 만날 수 있었죠. 하지만 근처에는 인가가 없었어요. 고통스러워하는 진서를 보며 세로가 막막해하자 보부상들이 말했어요.

"재 너머에 우리가 머무는 객주가 있는데 거기 주인장이 침을 곧잘 놓는다오. 우리가 데려다줄 테니 그곳에서 부인의 다리를 치료하면 어떻겠소?"

보부상들에게 미안했지만 세로는 다른 방법이 없었어요.

"고맙습니다. 이 은혜를 어찌 갚아야 할지……."

"길을 가다가 보부상이 아닌 누구라도 병든 자를 보면 구해 주는 것이 보부상의 규율이라오. 그래도 정 고맙다면 술이나 거하게 한잔 사시오."

일행은 한밤중이 되어서야 객주에 도착할 수 있었어요. 객주 주인은 진서의 발목에 침을 놓으며 혀를 끌끌 찼어요.

"보부상을 만났으니 다행이지 아니었으면 큰일 날 뻔했소. 발목을 심하게 접질려서 사나흘은 걷지 못할 것이오."

세로는 생명의 은인인 보부상들과 객주에 머물고 있는 다른 상단 사람들에게 술과 고기를 대접했어요. 기분이 좋아진 상인들은 자신들의 이야기를 털어놓기 시작했죠. 보부상 중에는 원래부터 장사를 하던 상민이 많았지만 농민과 양반 출신도 있었어요. 대부분 먹고살 길이 막막하여 장사를 시작했다고 했죠. 그들과 친해지고 나자 세로는 궁금한 것을 하나하나 물어보기 시작했어요.

"주로 어떤 물건들을 취급합니까? 물건은 어디에서 가져와 어디에 팝니까? 이문은 많이 남습니까? 장사를 하면서 가장 어려운 점이 무엇입니까?"

그때, 뒤늦게 합류한 상단의 우두머리가 눈을 동그랗게 뜨며 세로를 바라보았어요.

"실례지만 혹시 정 행수의 잔치 때 계셨던 이선비 아니십니까?"

그 우두머리를 자세히 보자 세로도 낯이 익었어요.

"혹시 역관 김서희 옆에 앉아 있던?"

"맞습니다! 오하진입니다. 여기서 또 뵙는군요! 그런데……, 선비님께서도 장사를 하실 생각이십니까?"

오하진은 장사에 관심이 많은 세로를 신기하게 생각했어요. 세로는 한양의 시전 상인들과 백성들의 난전 그리고 자유로운 상업 활동을 알고 싶다고 솔직히 털어놓았어요. 그러자 잠시 고민을 하던 오하진이 뜻밖의 제안을 했어요.

장터에는 어떤 사람들이 있었을까?

1. 좌고와 행상

조선 시대 상인은 크게 '좌고'와 '행상'으로 나눌 수 있습니다. 좌고는 장터 안에 있는 점포에 자리를 잡고 물건을 파는 상인이고, 행상은 좌고와 달리 전국 각지를 돌아다니면서 물건을 파는 상인을 뜻하지요.

2. 보부상

행상의 일종으로 금, 은, 인삼 등 주로 작고 값비싼 물건을 보자기나 멜빵에 걸고 다니던 보상과 그릇, 담배, 소금 등 부피가 큰 물건을 등에 지고 다니며 팔던 부상을 합쳐 부르는 말입니다.

보부상들은 전국적으로 시장이 형성되면서 스스로 단체를 구성하고 엄격한 규율을 만들어 체계적인 조직을 갖추어 운영하였습니다. 활동 지역에 따라 개성의 보부상은 송상, 의주의 보부상은 만상, 평양의 보부상은 유상, 동래의 보부상은 내상으로 불리기도 하였습니다.

짚신을 지고 장사에 나선 보부상

3. 객주와 여각

조선 후기에 전국적으로 시장이 만들어지고 상품 거래가 많아지면서 팔 물건을 보관하거나 중간에서 물건을 거래하는 등 중개 역할을 하는 객주와 여각이 늘어났습니다. 객주는 주로 물건을 대신 팔아 주는 역할을 했으며, 상인들이 팔다 남은 물건을 보관해 주거나 물건을 사고 파는 데 필요한 돈을 상인들에게 빌려주기도 했습니다. 또 상인들에게

김준근, 〈넉넉한 객주〉, 《기산풍속도첩》, 19세기말, 무명에 채색, 28.5×35.0cm, 독일 함부르크민족학 박물관

음식과 잠자리를 제공해 주고 돈을 받기도 했지요. 여각은 넓은 창고와 소와 말을 쉬게 하는 방을 갖추고 있어 객주보다 규모가 컸습니다. 여각은 주로 마포, 용산, 뚝섬 등 연안의 각 포구에 위치해 있었으므로 곡물, 목재, 소금, 수산물 들을 취급하였습니다.

4. 거간꾼과 여리꾼

장터에는 물건을 사고파는 사람뿐만 아니라 거래가 이루어지도록 돕는 사람들도 있었습니다. 이들을 바로 거간꾼이라 하지요. 거간꾼은 물건, 토지나 집, 금전 등 장터에서 유통되는 모든 것을 사고팔 수 있도록 연결해 주고 그 사이에서 수수료인 '구전'을 받았습니다. 한편 여리꾼은 서울의 시전과 같은 상점 주위를 서성거리다가 손님을 안내해 물건을 사게 하고 상점 주인에게 약간의 보수를 받아 챙기는 사람을 가리킵니다. 이들은 자신들과 상점 주인만 아는 용어를 사용하며 흥정을 붙여 손님이 가능한 한 높은 금액에 물건을 사도록 유도했습니다.

장터에 가다

"저와 함께 장터를 돌아보시겠습니까?"

오하진 행수의 제안에 세로는 몹시 기뻤어요. 하지만 곧 자신의 아내 진서와 성원이가 떠올랐죠.

"아내가 다리를 다쳐 한동안 움직일 수 없습니다. 게다가 아들도 너무 어려 먼길을 가기엔 무리일 것 같습니다."

"흠……. 이러면 어떻겠습니까? 강경장이 있는 강경포구에 마포나루로 가는 배가 있으니 부인과 아드님을 그 배에 태워 한양으로 보내고 선비님은 저희 상단과 함께 다니시지요."

세로는 무릎을 탁 쳤어요.

"배라면 조선에서 첫손에 꼽히는 교통 수단 아닌가요? 게다가 시간도 단축되고 걷지 않아도 되니 좋은 방법이로군요."

다음 날 진서와 성원이는 상단의 수레를 타고 강경포구로 향했어요. 금강 하구에 자리 잡고 있는 강경포구에는 다른 지역에서 온 크고 작은 배들이 몰려 있었어요. 오하진 행수는 그중 가장 큰 배를 가리키며 말했어요.

"저 배가 우리 상단의 배입니다. 강경장에서 산 젓갈들을 마포 나루로 실어 나르죠."

세로는 그 배를 보자 불현듯 걱정이 밀물처럼 밀려왔어요.

'진서가 뱃멀미로 고생하지 않을까? 성난 날씨라도 만나 배가 좌초되면 어쩌지?'

세로의 속마음을 읽기라도 한듯 오하진 행수가 설명을 덧붙였어요.

"저 배의 선장은 열 살 때부터 강경포구와 마포나루를 수천 번 오갔습니다. 뱃길을 손바닥 보듯 다 꿰고 있으니 걱정하실 것 없습니다. 그리고 상단 사람들이 부인과 아드님을 가족처럼 잘 보살펴 줄 겁니다."

세로의 걱정을 아는지 모르는지 진서는 배를 처음 타 본다며 신이 나 있었어요.

"부인, 무섭지 않습니까?"

"무섭기는요. 오히려 기대가 되는걸요? 나중에 성원이가 크면 꼭 이야기해 줘야겠어요."

진서는 상단 사람들의 부축을 받으며 씩씩하게 배에 올랐어요. 돌쇠의 품에 안겨 배에 오른 성원이도 무엇이 그리 좋은지 방긋방긋 웃고 있었죠. 포구를 미끄러지듯 떠난 배가 더 이상 보이지 않자 세로와 오하진은 송파장을 향해 길을 나섰어요. 오 행수 상단은 송파장까지 가는 동안 작은 장터와 마을을 돌며 물건들을 사 모았어요. 그 물건들은 송파장에서 웃돈을 붙여 판다고 했어요. 문득 세로는 송파장이 얼마나 큰지 궁금해졌어요.

"이 물건들이 모두 송파장에서 거래되는 것입니까?"

"한강에는 한강, 동빙고, 용산, 마포, 송파나루가 있는데 그중에서 송파나루는 물길로는 강원도까지 오가고, 땅으로는 전국으로 연결되어 있습니다. 또 한양으로 들어가는 교통의 요지이기 때문에 한양에 공급하는 쌀과 숯, 담배, 소, 곡식 등 수많은 물건들이 거래되죠."

"한양에서 쓰이는 물건들이라면 시전 상인에게 팔아야 하는 것 아닙니까?"

세로의 질문에 오 행수가 씨익 웃으며 대답했어요.

"그래서 시전 상인들이 송파장을 눈엣가시처럼 여긴답니다. 각 지방의 상인들에게서 물건을 직접 구입한 송파 상인들이 그 물건을 한양의 시전 상인들보다 훨씬 싼 값에 파는 데다가 한양에서 이

십 리 밖에 떨어지지 않았으니 이현, 칠패 등 각 시장의 상인과 중개상인, 한양의 백성들까지 송파장으로 모여들죠. 하지만 시전 상인들은 손을 쓸 수가 없습니다. 왜냐면 난전을 금하는 금난전권은 도성 안과 그 바깥 십 리까지만 적용되거든요. 이러한 연유로 송파장에 있는 270여 호의 객주가 모두 북적거릴 만큼 많은 상인들이 몰려듭니다. 그래서 원래 오일장이다가 언제부터인가 매일 장이 서게 되었고 그 덕에 더 많은 상인들이 몰려들고 있죠."

"한양의 시전 상인들이 가진 독점권 때문에 송파장이 번성하게 된 것이군요."

"그렇지요. 자유롭게 장사할 수 있으니 인근 백성들도 난전을 많이 차리고 있답니다."

며칠 뒤 송파장에 도착한 세로는 엄청난 규모에 입을 다물지 못했어요. 장터 주변에는 창고, 마방, 술집, 대장간 등 다양한 점포들이 즐비했고 길가는 전국 각지에서 모여든 보부상들과 난전을 차린 백성들로 발 디딜 틈이 없었어요.

"장작 한 바리에 일 푼! 세 바리엔 이 푼이오! 한번 불 붙으면 오랫동안 활활 타오르는 장작!"

"엿 사시오! 둘이 먹다 하나가 죽어도 모를 달콤한 엿이외다!"

"북어 있어요~. 북어!"

송파장에는 각종 곡식과 면포, 그릇, 철물, 생선은 물론 소, 말, 토끼, 닭, 오리와 같은 가축들, 갓과 비녀, 노리개 같은 장식품까지 온갖 물건들이 있었어요. 한마디로 없는 물건을 찾기가 더 힘들 정도였죠. 한양에서 물건을 사러 온 수많은 손님들과 목이 터져라 외치는 상인들의 소리에 세로는 온몸이 뜨거워졌어요. 장터의 활기찬 기운이 고스란히 느껴졌기 때문이었죠.

'이러한 장이 전국에 더 많아지면 백성들의 삶이 풍요로워질 것이 분명하다. 또 장사를 통해 가난한 백성들도 생계를 유지할 수 있으니 얼마나 좋은 일인가?'

그때 송파장 한쪽이 시끌시끌해졌어요. 처음엔 싸움이 일어난 걸까? 생각했죠. 그런데 오 행수가 어린아이처럼 좋아하며 세로의

손목을 잡아끌었어요.

"놀이가 시작되었나 봅니다! 우리도 저쪽으로 가서 봅시다!"

장터 한쪽에 사람들이 구름떼처럼 모여 있었어요. 그 가운데에서는 광대들이 재주를 넘고 있었죠.

"이게 무엇입니까?"

"송파장에서만 볼 수 있는 송파 산대놀이입니다. 송파 상인들 중에는 정 행수만큼 부자인 상인들이 많습니다. 그들은 송파장에 사람들이 더 많이 모이도록 재주가 좋기로 유명한 사당패, 소리꾼, 탈꾼패들을 불러들여 줄타기, 씨름, 소리, 산대놀이판을 벌이지요. 그들을 부르는 데 들어가는 비용은 부자 상인들이 십시일반 돈을 모아 마련하고요."

물건만 사고파는 것이 아니라 사람들을 끌어모으기 위해 놀이판을 벌이다니……. 세로는 송파 상인들의 장사 수완이 정말 대단하다는 생각을 했어요.

"얼쑤! 잘한다!"

어느덧 세로는 넋을 잃고 놀이판에 푹 빠져들었어요. 곡예사는 하늘 높이 매달린 줄 위에서 다양한 묘기를 부리고, 어릿광대는 줄 타는 곡예사와 익살스러운 대화를 나누었어요. 그리고 악사들은 그 놀음에 흥겨운 반주를 곁들였죠. 세로는 아슬아슬한 곡예사의 묘기를 하나라도 놓칠까 고개를 한껏 하늘로 젖히고 있었어요. 그 순간 곡예사가 줄의 반동을 이용해 하늘 높이 날아올랐어요. 심장이 벌렁벌렁, 손에는 땀이 흥건했죠. 그런데 곡예사가 아닌 세로가 중심을 잃고 뒤로 쿵, 하고 넘어지고 말았어요. 그 바람에 뒤에 있던 소년도 함께 넘어졌지요.

"아이고, 미안하다. 얘야, 괜찮으냐?"

어쩐 일인지 소년이 일어나질 못했어요. 자세히 보니 해골처럼 비쩍 마른 소년의 눈은 초점이 없었죠. 깜짝 놀란 세로와 오 행수가 소년을 근처에 있는 주막으로 데려갔어요.

"으음, 음……."

잠시 후 신음소리를 내며 소년이 힘겹게 눈을 떴어요.

"이보게, 정신이 좀 드는가?"

"…… 가…… 파요……."

소년은 모기 소리보다 더 작은 소리로 이야기를 했어요.

"뭐라고? 뭐라고 했는가?"

"배가…… 고파……."

"배가 고프다고?"

오 행수가 국밥 한 그릇을 가져다주자 소년은 그릇에 얼굴을 파묻고 허겁지겁 먹기 시작했어요. 눈 깜짝할 사이에 그릇을 비운 소년은 그때서야 수줍어하며 인사를 꾸벅 했어요.

"고맙습니다."

그때 세로는 그 소년을 어디선가 본 적이 있다고 생각했어요. 한참 동안 기억을 더듬다 정원우의 집에서 난리를 피웠던 선비의 아들이라는 사실을 깨달았어요. 세로의 설명에 오 행수도 무릎을 쳤죠.

"맞습니다. 정 행수의 집에서 보았던 그 소년이군요. 그런데 송파장까지 무슨 일로 온 것이오? 동래에서 한참 먼 곳인데."

전서현이라는 이름의 소년은 한참 망설이다 조심스럽게 입을 열었어요.

"아버지의 행동을 사죄드리러 다시 찾아갔다가 우연히 들었습니다. 양반입네 하고 일할 생각조차 하지 않으니 나라의 큰 좀이라며, 놀고먹는 양반들에게 상업을 장려하면 그러한 폐단이 사라질 것이라는 이야기를요."

전서현은 그 당시 너무 속상했지만 시간이 지날수록 맞는 말이라는 생각이 들었대요. 그래서 장사를 하기 위해 집을 몰래 나왔대요.

"양반 신분으로 고향에서 장사를 하다간 아버지까지 손가락질 당할 것 같아서 장사를 배우러 한양으로 가는 길이었습니다."

세로는 전서현의 앙상한 팔목을 보고 코끝이 찡했어요.

"그래서 그 먼 길을 노잣돈도 없이 걸어온 겐가? 며칠이나 굶었나?"

"사, 사나흘 정도인 것 같은데……. 기억이 잘 나질 않습니다."

세로와 오 행수는 송파장에서 대신 물건을 팔아 주는 여각에 가져온 물건들을 맡겼어요. 그리고 전서현과 함께 시전을 구경하러 한양 도성으로 들어갔어요. 수많은 사람들이 오고가는 시전에서 전서현은 눈을 반짝거리며 여기저기 기웃거렸어요. 그러다 지나가는 상인들의 대화를 엿듣고는 오 행수에게 물었어요.

"방금 상인들이 육의전이 어쩌고 저쩌고 하는데 육의전이란 것이 무엇입니까?"

"음……. 육의전을 설명하기 전에 알아 두어야 할 것이 있네. 시전에는 두 가지 종류가 있는데 하나는 이익이 많이 남는 곳을 골라 나라에 의무를 지는 국역을 부담케 하는 유푼각전, 또 하나는 이익이 작아 국역을 면제하는 무푼각전이지. 여기까지는 알겠는가?"

"네."

"육의전이란 국역을 부담하는 유푼각전 중에서도 특히 규모가 큰 여섯 개의 시전을 칭한다네. 그 여섯 개의 시전 중에서도 가장 으뜸은 비단을 파는 선전이지."

오 행수는 선전이 모여 있는 광통교 근처의 종루로 두 사람을 데려갔어요. 종루의 분위기는 송파장과 확실히 달랐어요. 잘 닦인 큰 길을 가운데 두고 양쪽으로 건물들이 나란히 서 있고, 비단을 파는 전방은 마흔두 곳이나 될 정도로 규모가 매우 컸어요. 각 전방마다 공단, 대단, 사단, 우단 등 각종 비단과 무명 옷감, 견직물들을 팔았는데 전서현은 알록달록 화려한 비단을 보고 입을 다물

지 못했어요.

"이렇게 아름다운 옷감은 처음 봅니다. 하늘에서 내려온 선녀의 옷감 같습니다."

"선전에서 취급하는 비단은 모두 청나라에서 들어온 것들이니 아주 귀하단다."

시전 상인들은 전방이라 불리는 작은 방 안에 앉아 있었어요. 그리고 그 앞에는 손님들을 끌어모으는 여리꾼들이 서 있었죠. 세로 일행이 전방 앞을 지나자 여리꾼들이 몰려들었어요.

"무엇을 사려고 오시었소?"

오 행수는 일부러 어리바리한 표정을 지으며 말했어요.

"비단을 사려고 왔소."

여리꾼은 잘 아는 가게가 있으니 싸게 해 주겠다며 세로 일행을 어느 전방으로 데려갔어요. 그리고 시전 상인에게 이렇게 물었어요.

"비단 한 필에 탈차면 되겠는가?"

시전 상인이 고개를 끄덕이자 여리꾼은 오 행수에게 비단 한 필에 삼십 냥이라고 말했어요. 오 행수가 비싸다며 스무 냥에 해 주지 않으면 가겠다고 하자 여리꾼은 스물한 냥으로 하자며 오 행수를 달랬어요. 오 행수는 생각을 좀 해 보겠다며 전방을 나왔어요.

"지금 저 여리꾼이 시전 상인에게 '탈차면 되겠는가?'라고 한 말은 '스무 냥이면 되겠는가?'라고 물어본 것입니다. 자기들끼리 사용하는 암호를 쓴 것이지요. 비단 한 필의 원가가 십칠 냥 정도이니 시전 상인은 석 냥의 이득을 보려 한 것이고, 여리꾼은 거기에 한 냥을 더 보태 자기 몫으로 챙기려는 속셈이었지요."

세로와 전서현은 그들의 장삿속에 입을 다물지 못했어요.

"그렇게 비싼 가격에 판단 말이오? 어허, 사기꾼이 따로 없습니다."

"독점권을 가졌기 때문이지요. 한양 안에서 비단을 살 수 있는 곳은 시전뿐이니 울며 겨자 먹기로 살 수밖에요."

세로는 그제야 진서가 왜 시전이 아닌 도성 밖의 시장에서 물건을 사 왔는지 이해했어요. 그리고 시전 상인들의 횡포를 그냥 놔두면 안 되겠다고 생각했어요.

어느 지역 상인이 활발하게 활동했을까?

1. 경강 상인

　조선 시대에 한강을 중심으로 활동하던 상인을 말합니다. 육로보다는 배를 이용한 수로 운송이 주를 이루던 조선 시대에 서울인 한양에 있는 한강은 전국 각지에서 모여드는 세금과 다양한 생활용품들이 모이는 곳이었습니다. 경강은 각 포구마다 특성을 가지고 발전했는데, 마포와 서강은 관료들의 월급을 주는 광흥창이 있어 쌀과 새우젓, 절인 생선이 많았고 뚝섬은 목재와 땔감이 주로 모이는 곳이었습니다. 특히 경강 상인들은 정부가 거두는 세금인 세곡미의 운반과 한양의 지주들이 지방의 소작인들로부터 거두어들이는 소작미의 운반을 담당하며 쌀값에 큰 영향을 주기도 하였습니다.

2. 의주 상인

　의주 상인은 의주에서 중국을 상대로 큰 규모의 무역을 하던 상인입니다. 조선 시대에는 의주를 '만부'라고도 불렀기 때문에 '만상'이라고도 합니다. 의주 상인은 중국에 은과 인삼을 팔고 그 대신 중국의 희귀한 과일이나 질 좋은 비단 등을 가져왔습니다.

3. 동래 상인

　조선 시대 동래 지역에서 일본을 상대로 물건을 사고 팔던 상인으로 '내상'이라고도 부르지요. 동래 상인은 동래부라는 관청에서 허가를 받아야만 일본과 교역이 가능했습니다. 동래 상인은 일본에 인삼, 동물 가죽, 종이 등을 팔고 일본에서는 은을 받았습니다. 이 은을 다시 중국에 팔아 이익을 남겼는데 그 과정에서 중국과 교류하는 의주 상인과도 가깝게 지냈습니다.

4. 개성 상인

고려 시대 국제 무역항인 벽란도를 중심으로 고려의 국제 무역을 담당하며 성장한 상인들로 이들의 활약으로 '코리아'라는 이름이 세계에 알려지게 되었습니다. 조선 시대 전국의 중요한 상업 중심지마다 송방을 설치하여 각 지역의 정보를 교환하며 부를 축적하였습니다. 직접 인삼을 재배하고 청나라와 일본에 파는 국제 무역에 참여하여 개성 인삼을 유명하게 만들었습니다.

조선 시대의 무역

대외 교역이 활발했던 고려 시대와는 달리 조선 시대 무역은 주로 청나라나 일본으로 제한되어 있었고 거래 방식도 정기적으로 파견되는 사절단의 사신들을 통해서 무역을 하는 형식으로 이루어졌습니다. 조선은 주로 은, 종이, 무명, 인삼 등을 수출했고 중국의 비단, 서적, 문방구, 약재 등을 들여왔습니다.

일본과의 무역에서도 진상과 답례 형식의 공공 무역이 중심이었습니다. 왜관의 역관과 동래 상인들이 무역을 주도했으며 왜관 한 곳에서만 거래할 수 있도록 하는 등 관리가 철저했습니다. 주로 면포, 인삼, 곡물, 쇠가죽, 각종 생활용품과 의약품을 수출했고 은과 구리, 활을 만드는 원료인 물소 뿔, 후추 등을 들여왔습니다.

상소문을 올리다

 시전을 구경한 후, 세로는 오 행수와 전서현을 데리고 집으로 갔어요. 오 행수 덕분에 배를 타고 편하게 집에 도착한 세로의 아내 진서와 돌쇠가 그들을 반갑게 맞이했죠.

"덕분에 다리도 금방 나았습니다. 이 은혜를 어떻게 갚아야 할지……."

"은혜라니 별말씀을요. 그나저나 뱃멀미를 하지 않으셨다니 다행입니다."

 세로는 오 행수와 전서현에게 대접할 식사를 준비해 달라고 진서에게 부탁했어요. 그런데 진서와 돌쇠가 난감한 표정을 지으며 마주 보았어요. 잠시 머뭇거리던 진서가 입을 열었어요.

"음식 맛이 형편없을 것 같아 걱정입니다, 서방님."

"그게 무슨 말입니까, 부인. 부인의 손맛은 모두가 인정하지 않습니까."

세로는 진서가 괜한 엄살을 피운다고 생각했어요. 하지만 진서와 돌쇠의 표정은 심각했어요.

"사실은……. 집에 소금이 다 떨어져 간을 맞출 수가 없습니다."

"네? 소금이 다 떨어지다니요?"

돌쇠가 분통을 터트리며 대답했어요.

"요즘 한양에서 소금 구하기가 하늘에서 별 따기보다 더 어렵구만유. 설사 소금 파는 곳이 있다 해도 가격이 비싸 도저히 살 수가 없어유. 세상에, 한 달 사이에 소금 가격이 다섯 배나 뛰었지 뭐여유."

세로는 송파장의 점포에 산처럼 쌓여 있던 소금을 떠올렸어요. 곧장 사랑방으로 건너가 오 행수에게 한양의 소금 가격에 대해 말했어요. 이야기를 듣는 오 행수의 표정이 어두워졌어요.

"뭔가 이상한 냄새가 납니다. 소금 가격이 오르는 경우는 소금이 부족할 때인데 이선비님 말씀처럼 다른 지역의 장터에 소금이 산더미처럼 쌓여 있었으니 그것은 아니지요. 그렇다면 소금 가격이 이렇게 오른 이유는 아마도……."

오 행수는 팔짱을 끼며 미간을 찡그렸어요.

"시전 상인들이 폭리를 취하기 위해 장난을 치는 것 같습니다."

오 행수의 말에 전서현이 불쑥 끼어들었어요.

"장난을 치다니요?"

"이런 일이 몇 년 전에도 있었다네. 소금 판매권을 독점한 시전 상인들이 무뢰배들을 동원해 염전 생산자들이 들어서는 길목에서 기다렸다가 억지를 부려 싼값으로 물품을 모두 사들였어. 그리고 그것을 한양으로 가져와 백성들에게 산 가격의 몇 배나 되는 값으로 팔았지. 이번에도 시전 상인이 소금이 가장 많이 필요한 김장철이라는 시기를 노리고 값을 올린 것 같네. 아마 남대문이나 동대문 밖 난전에는 무뢰배들이 소금을 팔려고 가지고 나온 백성들을 보는 족족 잡아내고 있을 것이고……."

세로는 어이가 없었어요.

"그게 사실이라면 용서할 수 없는 횡포입니다. 확인해 봐야겠습니다."

"저는 상단 사람들을 만나 알아보겠습니다."

오 행수가 상단으로 간 후 세로는 돌쇠, 전서현과 함께 남대문과 동대문 밖으로 나가 난전을 살펴보았어요. 그곳에도 소금을 사려는 백성들은 많았지만 팔겠다고 가지고 나온 사람은 한 명도 없었어요. 그리고 오 행수의 말대로 난전 근처에 무뢰배들로 보이는 덩치 큰 사내들이 보였는데 그들은 다른 난전에는 관심이 없어 보였어요. 그때 전서현이 갑자기 큰 소리로 외쳤어요.

"소금 사시오! 소금! 김장에 필요한 소금을 싸게 팝니다."

전서현의 돌발 행동에 세로와 돌쇠는 깜짝 놀랐어요. 하지만 더 놀란 것은 전서현의 외침에 덩치 큰 사내들이 무시무시한 얼굴로 달려왔다는 사실이었어요. 그들은 세로와 돌쇠가 말릴 새도 없이 전서현을 무자비하게 때리기 시작했어요.

"소금은 경염전에서만 사고팔 수 있다는 걸 모르냐? 네가 가진 소금은 우리가 가져가겠다! 소금 어디 있느냐?"

전서현의 옷 속까지 샅샅이 뒤진 무뢰배들은 황당해했어요.

"뭐야? 소금도 없으면서 장난을 친 거야? 이런 정신 나간 놈이 있나?"

사내들이 자리를 뜨자 전서현이 세로를 보며 말했어요.

"나리, 오 행수님의 말이 맞나 봅니다."

"자네……, 그걸 확인해 보려고 일부러 그랬단 말인가?"

세로와 돌쇠가 다친 전서현을 부축해 집으로 가던 중 오 행수를 만났어요.

"제 짐작이 맞았습니다. 한양에서 소금을 판매하는 경염전, 마포염전, 용산염전 등을 모두 한 시전 상인이 운영한다고 합니다. 그 상인이 지금 창고에 소금을 산더미처럼 쌓아 놓고 소금 가격을 올려 받고 있다는군요. 한양으로 소금을 옮겨 주는 뱃사람에게서 직접 들은 이야기입니다."

세로는 그동안 생각했던 것을 행동으로 옮기기로 결심했어요. 그는 종이와 먹을 준비해 임금님께 올릴 상소문을 써 내려갔어요.

　신 이세로 감히 아뢰옵니다. 지금 도성 안의 백성들이 소금을 구하지 못해 애를 태우고 있습니다. 소금 판매를 독점한 시전 상인들이 소금을 싼값에 사들이고 시장에 내놓지 않기 때문입니다. 이 같은 시전 상인들의 횡포로 피해를 입는 이는 매번 가난한 백성들입니다. 전하, 시전 상인들의 횡포를 막으려면 이들이 가진 독점권을 없애야 합니다. 부디 도성 안의 자유로운 상업 활동을 허락하시어 백성들의 살림을 보살피소서.

세로는 힘차게 써 내려간 상소문을 들고 곧장 입궐하였어요. 그런데 바로 다음 날 임금님께서 문무대신을 모두 불러 세로가 올린 상소문 내용을 말씀하셨어요.

"백성들에게 자유로운 상업 활동을 허하라는 이세로의 의견을 대신들은 어떻게 생각하시오?"

그러자 수많은 대신들이 반대의 목소리를 냈어요. 특히 이조 판서 강해도의 반응은 격렬했어요.

"그것은 말도 안 되는 일이옵니다. 백성들이 너도나도 장사를 한다면 나라의 근본인 농사를 지을 사람이 없어 조선의 근간이 흔들릴 것이 분명하옵니다. 통촉하여 주시옵소서."

대신들의 반대 의견에 세로는 하고 싶은 말이 너무나 많았어요. 하지만 말단 관리인 세로가 함부로 나섰다가는 대신들의 화를 더 돋울 것이 분명했죠.

'내게 말할 기회가 온다면 저들을 확실하게 설득할 수 있을까? 어떻게 설득해야 할까?'

그때 뜻밖의 인물이 목소리를 높였어요.

"전하! 신은 이세로가 올린 상소문에 전적으로 찬성하옵니다."

그는 호조 판서 김정은이었어요.

'다른 대신도 아니고 호조 판서가?'

임금님은 차분한 목소리로 말씀하셨어요.

"호조 판서 김정은, 찬성하는 이유를 말해 보시오."

"도성 안의 육의전과 시전 상인들에게 특권을 부여한 이유는 경제 질서를 바로잡기 위해서입니다. 허나 최근 시전 상인들의 행태를 보면 너무나 커져 버린 시장을 제대로 운영하지 못하고 있는 것이 사실입니다. 또 그동안 나라에서 내린 특권으로 막대한 부를 쌓은 시전 상인들은 그 부를 이용해 물건의 가격을 높이는 패악을 저질렀습니다. 그 한 예가 소금입니다. 경제 질서를 바로잡아 백성의 안녕을 위해야 할 그들이 오히려 백성들의 생활에 위협을 가하고 있으니 이는 엄벌해야 마땅한 일입니다. 그들에게 주었던 독점권을 거두고 백성 누구라도 장사를 할 수 있도록 한다면 오늘날 일어난 소금 가격 폭등과 같은 일은 없으리라 생각되옵니다. 또한 자유롭게 장사할 수 있게 된다면 땅이 없어 농사를 짓지 못하는 백성들은 장사를 해서 살아갈 수 있고, 그들에 의해 조선 곳곳에 쌓여 있던 물건의 흐름이 원활해질 것이라 사료되옵니다."

호조 판서의 말에 몇몇 대신들과 임금님이 고개를 끄덕였어요. 하지만 이조 판서는 끝까지 물러서지 않았어요.

"소금을 가지고 장난을 친 시전 상인들만 벌을 주면 될 것을! 어찌하여 다른 상인들에게까지 피해를 주려 하시오? 그들이 왕실 재정에 커다란 도움을 주고 있다는 사실을 모르시오?"

이조 판서의 말에 영의정이 말없이 고개를 끄덕였어요. 그러자 이조 판서는 더욱 핏대를 세우며 말했어요.

"독점권을 거둔다면 그들이 그동안 내던 물건과 돈은 어디에서 충당한단 말이오?"

이때 세로가 나섰어요.

"난전을 차린 백성들에게 세금을 거두면 됩니다. 다시 말해 장사를 하는 백성이 늘어나면 그들에게서 걷는 세금도 늘어나게 되는 것입니다."

세로의 말에 영의정은 심기가 불편하다는 듯 끙, 소리를 냈고 이

조 판서는 어이없다는 표정을 지었어요.

"허허, 먹고살 길이 없어 땔감을 팔고 계란을 파는 백성들에게서 세금을 거두어 봤자 얼마나 거둘 수 있다는 말이오? 이세로 그대는 유푼각전에서 나라에 내는 돈과 물건이 얼마나 되는지 알기나 하고 그런 소릴 하시오?"

이세로가 수세에 몰리자 호조 판서는 이조 판서와 영의정을 무섭게 노려보았어요.

"관료들 중에 독점 상인과 긴밀히 결탁하여 장사를 하는 관료가 있다는 소문을 들었습니다. 장사를 통해 축적한 재산이 어마어마하다고 하던데……. 혹시 그런 이유로 반대하시는 것이오?"

호조 판서의 지적에 몇몇 대신들의 얼굴이 딱딱하게 굳었어요. 물론 영의정과 이조 판서도 마찬가지였죠.

"어허, 어디서 그런 망발을……. 증자도 없는 말을 함부로 내뱉으시다니요!"

호조 판서와 몇몇 대신들 사이에 팽팽한 긴장감이 감돌던 그 순간, 임금님의 온화한 목소리가 들려왔어요.

"백성들이 힘들어하는데 만백성의 아버지인 짐이 어찌 편할 수 있겠소? 짐은 왕실의 재정보다 백성들의 삶이 풍요로워지기를 원하오. 그대들의 의견은 어떠하오?"

임금님의 하문에 대신들은 복잡한 표정을 지으며 서로의 눈치를 보았어요.

조선시대 유명한 상인은 누구였을까?

1. 김만덕

김만덕은 제주도 양인의 딸로 태어났으나 부모님이 일찍 세상을 떠난 후 기생이 되었습니다. 이후 그녀는 관아에 호소하여 양인 신분을 회복하고 객주를 차려, 객주에 오가는 수많은 상인들에게 많은 정보를 얻고, 제주의 특산품을 다른 지방의 상품과 사고팔아 많은 돈을 모았지만 여자라는 점 때문에 많은 어려움을 겪었습니다. 하지만 그녀는 고향 사람들과 함께 이를 극복하고 사업을 더욱 번창시켰습니다. 1794년 제주도에 흉년이 들어 많은 사람들이 굶어 죽자 자신의 전 재산을 털어 육지에서 쌀을 가져와 사람들을 살렸습니다. 이 일은 정조 임금에게까지 알려져서 임금의 허락으로 섬 밖으로 나와 임금을 알현하고, 남자도 하기 힘든 금강산 구경을 하고 제주로 돌아가 선행을 베풀며 살았습니다.

2. 임상옥

임상옥은 어렸을 때부터 의주 상인이었던 아버지와 함께 청을 드나들며 청나라 상인들과 거래하면서 상업을 배웠습니다. 그러나 아버지가 세상을 떠나고 17살의 나이로 가장이 되어 개성 상인 밑에서 일을 시작했습니다. 얼마 후 행상이 되어 놋그릇을 팔거나 인삼, 담배를 재배하는 곳에서 일을 하며 돈을 모았습니다. 유창한 중국어 실력에다가 인삼 농가 주인의 도움을 받아 청나라로 가는 사신 행렬에 뽑혀 청나라에서 상업 기술을 배우고, 청나라 상인과 무역을 할 수 있는 기회를 얻었습니다. 임상옥은 중국어 역관들을 도와 인삼을 품질에 따라 엄격하게 값을 매긴 후 먼저 질이 낮은 인삼을 팔아 사람들을 불러 모으고, 질이 높은 인삼을 경매에 붙여 큰 이익을 얻었습니다. 임상옥의 뛰어난 상업 기술은 순조 임금의 친척이었던 박종경 대감의 귀에 들어가 그의 지원을 받아 본격적인 무역을 하게 되었습니다. 부자가 된 그는 굶주리거나 재해로 고통 받는 백성들을 도와주었고, 그 덕에 순조 임금 때 관직에 등용되기도 했으나 상인에게 관직을 주는 것이 옳지 않다는 상소가 빗발쳐 스스로 관직에서 물러났습니다.

3. 변승업

변승업은 유명한 역관 집안에서 태어나 국립 외국어 학교인 사역원에 합격하여 일본어 역관이 된 사람입니다. 역관이 된 그는 조선과 일본 간의 무역과 관련된 업무뿐만 아니라 일본 상인과의 개인적인 무역으로 많은 이익을 얻었습니다. 또한 중국어 역관이었던 형제들이 중국의 좋은 물건을 수입해 오면 그것을 일본에 비싸게 되팔아 은화를 얻는 방식으로 많은 재산을 얻었습니다. 그는 최고의 역관 자리이자 조선통신사를 호위하는 역할을 맡는 '당상역관'에 임명되었고, 관직에서 물러난 뒤에는 상업을 시작하는 상인들에게 사업 자금을 빌려주고 이자를 받기도 했습니다. 뿐만 아니라 무역, 광산업, 홍삼 제조업에 투자하여 많은 이익을 남긴 그는 연암 박지원의 소설인 《허생전》에서 한양 제일의 부자인 '변 씨'로 그려질 정도로 한양에서 가장 부유한 사람이었습니다. 그는 죽기 전에 후손들에게, 자신이 사람들에게 빌려줬던 은 50만 냥을 받는다면 조선의 경제가 휘청거릴 수 있으니 받지 말라는 유언을 남겨 사람들의 빚을 모두 탕감해 주었답니다.

자유로운 상업을 허하라

그날 저녁 세로의 집에 온 오 행수가 놀란 토끼눈을 하고 되물었어요.

"진짜 그런 상소문을 올렸습니까?"

"그렇습니다."

"전하와 호조 판서가 찬성을 하였고요?"

"확실히 말씀은 안 하셨지만 임금님께서도 수긍하는 분위기였습니다. 호조 판서는 저와 의견이 정확히 일치했고요."

"오호……."

오 행수는 무척 재미있다는 듯 눈을 반짝였어요.

"만일 시전 상인들에게 주었던 독점권을 거둔다면 저와 같은 상인들은 더 큰 날개를 달 수 있을 겁니다. 그리고 난전을 단속하는 것 때문에 힘들어하던 동대문과 남대문 밖의 장사꾼들도 두 팔 벌려 환영할 것입니다. 이거 참 기대가 큽니다."

하지만 세로는 마냥 좋아할 수만은 없었어요. 특히 이조 판서와 영의정의 반발이 생각보다 강했거든요. 세로는 어떻게 해야 임금님과 호조 판서에게 힘을 보탤 수 있을지 고민스러웠어요.

"그나저나 오늘 저에게 볼일이 있다고 하지 않으셨습니까?"

"아, 참! 깜빡 잊고 있었습니다. 다른 게 아니라 전서현에 대해 의논을 하고 싶어 오시라 했습니다."

폭행을 당한 전서현은 그날 이후 세로의 집에 머물고 있었어요. 세로는 며칠 동안 전서현을 살펴보았는데 조용하고 얌전한 줄만 알았던 전서현에게 의외의 강단이 있다는 것을 알았죠. 세로는 이를 설명하며 오 행수에게 부탁했어요.

"그래서 말입니다. 오 행수께서 전서현을 상단에 들여 가르쳐 보면 어떻겠습니까? 셈도 제법 잘하고 글 또한 수준이 높아 쓰임새가 많을 듯합니다."

오 행수는 곰곰이 생각을 한 후 고개를 끄덕였어요.

"알겠습니다. 이선비께서 그리 판단하셨다 하니 믿고 데려다 가르쳐 보겠습니다."

세로는 곧장 전서현을 불렀어요. 그리고 오 행수의 상단에 들어가 일을 배워 보는 것이 어떻겠냐고 물었죠. 전서현은 매우 기뻐하며 두 사람에게 큰절을 올렸어요.

"굶어 죽어 가던 저를 구해 주신 것만으로도 큰 빚을 졌는데 이렇게까지 도와주시니 이 은혜를 어찌 갚아야 할지 모르겠습니다."

그러자 오 행수가 짐짓 엄숙한 표정을 지으며 말했어요.

"장사꾼은 셈이 정확해야 한다. 그러니 그 은혜는 어떻게든 갚아야 할 것이야."

오 행수의 말에 세로는 웃음이 터졌어요.

"하하하하, 어떻게 갚을지 기대가 큽니다."

두 사람이 떠난 다음 날 세로는 돌쇠와 함께 궁으로 향했어요. 그런데 궐 앞에 사람들이 구름떼처럼 모여 있었어요.

"나리, 뭔 일이 났나 봐유."

그들은 시전 상인들이었어요. 독점권을 없애려 한다는 소문을 듣고 몰려든 것이었죠.

"전하, 통촉하여 주시옵소서!"

시전 상인들은 독점권을 없애면 모두 목숨을 끊겠다며 강하게 반발했어요. 세로는 머리가 지끈거렸어요. 그때 돌쇠가 세로의 팔을 잡아당기며 한쪽을 가리켰어요.

"나리, 저기 좀 보셔유."

돌쇠가 가리킨 곳에는 이조 판서가 있었어요. 그는 무리들 맨 앞에 있는 시전 상인 한 명과 고갯짓을 하며 눈빛을 주고받았어요. 그 모습에 세로는 머리가 쭈뼛 서고 말았어요.

'설마 이조 판서가 이 시위를 주도한 것인가?'

하지만 입궐을 하고 보니 또 다른 반전이 기다리고 있었어요. 시전 상인의 독점권을 없애고 난전을 허하라는 상소가 산더미처럼 쌓여 있었던 것이죠.

일부 시전 상인의 주장이 백성들의 민심을 이길 수는 없었어요. 일부 대신을 제외한 나머지 신하들은 임금님과 호조 판서의 뜻에 동참하기로 마음을 굳혔죠. 마침내 임금님은 시전 상인들이 가지고 있던 독점권인 금난전권을 없애고 모든 백성들이 자유롭게 장사할 수 있도록 허락한다는 교지를 내렸어요.

"전하, 성은이 망극하옵니다!"

며칠 뒤, 세로가 입궐을 하니 호조 판서가 먼저 와 있었어요.

"전하께서는 전부터 시전 상인들의 횡포에 근심이 많으셨다네. 하지만 시전 상인들과 결탁한 일부 고위 관료 때문에 독점권을 폐지하기가 어려웠지. 그런데 그대가 불씨를 지펴 준 덕에 전하와 내가 오랫동안 계획했던 일을 진행할 수 있었네. 이세로, 어떻게 이런 상소문을 올릴 생각을 하였는가?"

세로는 동래 상인 정원우의 집에서 나누었던 대화들, 오 행수와 함께 장터를 돌아다니며 본 백성들의 모습 등을 모두 이야기했어요.

호조 판서가 얘기를 전하자 임금님은 매우 흐뭇해했어요.

"이세로, 그대와 같은 젊은 관리가 있다는 것은 짐에게 큰 행운이 아닐 수 없다. 이 나라와 백성들에게 보물과 같은 존재로다."

임금님의 엄청난 칭찬에 세로는 몸 둘 바를 몰랐어요. 이어서 임금님은 세로에게 자유로운 상업을 허락한 후에 나라에서 어떤 일이 일어나는지 직접 조사해 보고서를 올리라고 명하셨어요.

"그대로 인해 이번 교지가 완성된 것이나 마찬가지다. 짐은 교지가 제대로 효과를 보는지 알고 싶으니 조사를 진행해라."

다음 날부터 세로는 장터를 돌아다니며 물건 가격의 변화를 알아보고 백성들을 만나 이야기를 들어 보았어요. 그러자 독점 상인들이 올려 놓은 생필품의 가격이 불과 몇 개월 만에 안정되었고 전보다 가격이 내려간 물건들도 많다는 사실을 알아냈죠. 특히 백성들에게 꼭 필요한 소금이나 장작 같은 물건들의 가격이 내려갔다는 것을 알고 무척 뿌듯했어요. 그뿐만이 아니었어요.

"전에는 하루하루가 불안했는데 이제는 마음 놓고 장사를 할 수 있어 너무 좋습니다. 덕분에 요즘은 굶는 날이 별로 없습죠."

난전을 펼쳐 근근이 살아가다 먹고살 길이 열렸다며 좋아하는 백성들을 보니 세로는 자신의 일처럼 기뻤어요. 하지만 오랜 세월 장사를 해 왔던 상인들은 뜻밖의 문제를 지적하기도 했어요.

"지금은 서로 경쟁하듯 물건 가격을 내려 안정이 되었지만 언제 어디서 문제가 터질지 알 수 없습니다. 재산이 많은 상인이나 상단이 물건을 모두 사들여 쌓아 두고 가격을 결정해 버린다면 그때는 시전 상인의 행패보다 더 큰 난리가 날 수도 있습니다."

세로는 6개월이 넘는 시간 동안 한양뿐 아니라 전국의 장터를 돌아다니며 자유로운 상업 활동이 가져온 변화들을 조사했어요. 그리고 다시 한양으로 돌아와 보고서를 썼죠.

어느 봄날이었어요. 진서가 쌀을 사다 달라는 부탁을 했어요.

"집 근처의 싸전이 모두 닫혀 있습니다. 다른 곳에서 쌀을 사다 주시겠습니까?"

"알겠습니다. 오랜만에 돌쇠와 바람이나 쐬고 와야겠군요."

그런데 어쩐 일인지 세로와 돌쇠가 가는 싸전마다 문이 전부 닫혀 있었어요.

"어허, 이상하구나. 어찌 모두 장사를 하지 않는 것이지?"

"그러게 말이어유."

세로는 퍼뜩 오래 장사한 상인들의 지적을 떠올렸어요.

"설마……."

세로와 돌쇠는 한양 내에 있는 모든 싸전을 돌아다녔지만 허사였어요. 싸전 앞에서 만난 사람들과 이야기를 나누어 보니 일주일째 쌀을 사지 못한 사람도 있었어요.

"옆집에서 빌리는 것도 한계가 있지 뭡니까. 이게 도대체 어찌 된 일인지 알 수가 없습니다."

쌀을 못 구해 방황하는 백성들을 보며 세로는 다급해졌어요.

"안 되겠다. 돌쇠야. 마포나루로 가 보자."

마포에는 각 지방의 선상들이 쌀을 싣고 포구에 들어오면 쌀을 매매해 보관하는 창고를 가진 여각이 있었어요. 그곳에는 분명히 쌀이 있으리라 생각했죠.

"쌀은 한 톨도 없수다."

여각에서 일하는 남자는 귀찮다는 듯 문을 닫으려 했어요. 돌쇠가 다급하게 문을 붙잡은 사이 세로가 따지듯 물었어요.

"여기에도 쌀이 없다고요? 쌀을 실은 배가 마지막으로 들어온 것이 언제입니까?"

"지난 가을이 마지막이었소."

"지난 가을에 쌀을 얼마나 들여왔소?"

세로가 꼬치꼬치 캐묻자 남자는 버럭 화를 내며 엄청난 힘으로 세로를 밀어냈어요.

"그걸 내가 어찌 알겠소? 이제 그만 이 손 놓으시오!"

눈앞에서 쾅, 닫히는 문을 보며 세로는 더욱 불안해졌어요.

한양의 장터는 어떤 모습이었을까?

1. 시전

조선 초기 한양에 세워져 태종 임금 무렵 완성된 큰 상점입니다. 현재의 종로를 중심으로 만들어졌던 시장을 시전으로 정리하고, 경시서라는 관청을 둬 시전에서 사용하는 저울이나 되, 자 등과 가격을 관리, 감독하도록 했습니다. 시전의 점포들 중에는 나라에서 필요한 물건을 조달하는 육의전이 있었는데, 이들은 대신 특정 상품을 독점해 판매할 수 있는 권리인 '금난전권'을 부여받았습니다. 육의전으로 선전(비단 상점), 면포전(무명 상점), 면주전(명주 상점), 지전(종이 상점), 저포전(모시, 베 상점), 내외어물전(생선 상점)이 있었습니다.

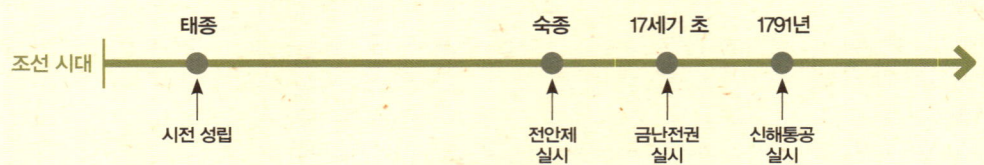

2. 난전

난전은 전안(숙종 32년부터 실시한 제도로 시전에서 취급하는 물품과 상인의 주소, 이름 등을 등록하는 등록 대장)에 등록되지 않은 자가 허가를 받지 않은 물건을 판매하는 행위나 시설을 말합니다.

3. 금난전권

'난전을 금지하는 권리'라는 뜻으로, 난전이 등장하여 육의전과 시전 상인들이 자신들의 상권을 침해받자 난전을 금지해 주도록 정부에 요청하고, 정부는 나라에 물건을 바치는 시전 상인들에게 한양도성과 도성 밖 10리 이내 지역에서 난전 활동을 규제하고 특정 상품을 팔 수 있는 권리를 준 것을 말합니다.

금난전권은 상업의 발달을 가로막는 장애물이 되어 소비자와 일반 상인 등에게 큰 피해를 주었기 때문에 이를 폐지하라는 요구가 높아지게 되었답니다.

조선 시대에 독점적 상업권을 가지고 국가에 물품을 조달한 육의전이 있던 곳

4. 신해통공

1791년(정조 15년) 육의전을 제외한 다른 시전 상인들의 금난전권을 폐지하고 상인들의 자유로운 상업 활동을 인정한 조치를 말합니다. 시전 상인들에 대한 일방적인 보호 정책을 철회하고, 일반 상인들도 자유롭게 상거래를 할 수 있게 함으로써 이들이 더욱 활발한 상업 활동을 벌일 수 있었고, 조선 후기 상업 발전의 큰 계기가 되었답니다.

서울의 칠패 시장 터. 칠패 시장은 어물을 주로 전국에 판매하는 역할을 하던 시장으로, 오늘날의 남대문 시장으로 발전했다.

쌀 폭동이 일어나다

몇몇 사람들이 세로처럼 쌀을 구하기 위해 마포나루를 돌아다니고 있었어요. 세로와 돌쇠는 그들에게서 더욱더 이상한 이야기를 들었어요.

"다른 고을의 싸전이 문을 열었다는 소문을 듣고 부리나케 달려갔는데 세상에, 쌀값이 며칠 만에 네 배나 올랐지 뭐요? 네 배라니 말이 됩니까? 원래 보릿고개 때에는 쌀값이 오르긴 하지만 이렇게까지 많이 오른 적은 태어나 처음이오."

"그것도 그렇지만 싸전들도 이상하단 말이지. 한 사내를 만났는데 그 사람이 하는 말이, 싸전들이 약속이라도 한 듯 하루에 한 군데씩만 문을 열고 모두 닫는다는 것이었어."

"한 군데만 문을 연다고요?"

그들의 이야기를 들은 세로는 문을 열었다는 싸전에 돌쇠를 보냈어요.

"값이 아무리 비싸도 쌀을 사서 집으로 가져가거라. 알겠느냐?"

"서방님은유? 같이 안 가셔유?"

"나는 만나 봐야 할 사람이 있다."

돌쇠를 보낸 후 세로는 곧장 오 행수가 있는 상단을 찾아갔어요. 그의 인맥과 정보력이라면 이 사태에 대해 알아봐 줄 수 있을 거라 생각했죠. 하지만 오 행수를 만날 수 없었어요.

"오 행수님은 전라도 쪽에 계십니다. 아마 한양에는 한 달 후에나 오실 것 같은데요?"

세로는 난감한 표정을 지으며 상단 객주에서 나왔어요. 그리고 집으로 걸어가던 중 이상한 느낌이 들어 고개를 들었어요. 주위 사람들이 힐끔힐끔 자신을 보고 있었어요.

'내 얼굴에 뭐가 묻었나?'

심지어 앞에서 오던 두 아낙은 세로를 보며 얼굴을 붉혔어요.

"어머머머, 저 사내 봤수? 어쩜 저리도 얼굴이 환할까?"

"그러게 말이야. 우뚝 솟은 콧날하며 짙은 눈썹까지. 멀리서도 눈에 번쩍 뜨이네그려."

세로는 당황스러웠지만 아낙들의 수군거림에 배시시 웃음이 나왔어요.

'오늘따라 왜 이러지? 하긴 내 인물이 어디 가도 빠지는 인물은 아니지, 흠흠.'

세로는 자신을 향한 사람들의 시선을 모르는 척하며 고개를 빳빳이 세웠죠. 그리고 아낙들을 향해 보일 듯 말 듯한 미소를 날려 주었어요. 그런데 웬일? 아낙들이 인상을 찡그리는 것 아니겠어요?

"어머머머! 선비가 채신머리없이."

"웬 주책이람? 어서 갑시다. 에이, 괜히 눈 버렸네."

아낙들은 세로를 째려보며 빠른 걸음으로 사라졌어요. 그런데 그 순간, 등 뒤에서 자신을 부르는 소리가 들렸어요.

"세로 나리?"

뒤를 돌아보자 눈이 부실 만큼 환한 얼굴에 키가 훤칠한 청년이 서 있었어요. 세로도 좀 전의 아낙들처럼 그 청년을 넋을 잃고 바라보았죠. 그가 세로를 와락 껴안으며 소리쳤어요.

"세로 나리 맞군요! 저 전서현입니다!"

세로는 자신의 눈을 믿을 수 없었어요.

"세상에……. 해골처럼 삐쩍 마르고 어깨가 축 처져 있던 전서현? 그 전서현이란 말이냐?"

"하하하, 그동안 잘 지내셨습니까? 어제 한양에 도착해서 조만간 이선비님을 찾아뵈려고 했는데 이곳에서 만나 뵙게 되었군요."

전서현은 오 행수와 함께 서해안 쪽을 돌고 있었대요. 그는 세로의 예상처럼 셈이 빠르고 영민하여 상단에서 금세 중요한 자리에 앉았고, 오 행수도 그를 매우 신뢰해 장부를 맡길 정도가 되었죠.

"중요한 서류를 전달하라 하셔서 거의 반 년 만에 한양에 왔습니다. 그런데 나리는 이곳에 어쩐 일로 오셨습니까?"

세로가 자초지종을 이야기하자 전서현도 고개를 갸웃거렸어요.

"작년 가을 남도 쪽을 돌아다녔을 때 농사가 매우 잘되어 풍년이라는 이야기를 들었습니다. 뭐 그렇다 해도 보릿고개 때에는 쌀값이 오르긴 하죠. 하지만 네 배나 뛸 정도는 아닐 텐데……. 확실히 이상하네요. 잠시만요, 다른 동무에게 물어보고 오겠습니다."

상단 객주로 들어갔던 전서현이 돌아와 같은 이야기를 했어요.

"그분도 뭔가 이상하다고 하시네요."

세로와 전서현은 말없이 생각에 잠겼어요. 그리고 두 사람은 동시에 옛날에 함께 겪은 소금 폭등을 떠올렸죠.

"그때처럼 누군가 쌀을 쟁여 놓고 장난을 치는 게 아닐까요?"

"나도 그 생각을 안 한 것이 아니네. 하지만 그땐 소금의 구입과 판매를 독점한 시전 상인이 가격을 올려 놓은 것이고, 지금은 다르지 않는가. 요즘은 누구라도 쌀을 사고팔 수 있는데……. 설마 쌀을 파는 상인들 모두가 짜고 가격을 올릴 리가……."

그 순간, 세로의 머릿속에 떠오르는 것이 있었어요. 그리고 전서현에게 조사를 해 달라고 부탁했죠.

"우선 쌀을 모두 사들일 만큼 자금력이 있는 상단이나 쌀 창고를 가지고 있는 여각을 조사해 주게. 그리고 한양의 싸전 상인들을 담합할 수 있을 만큼 영향력을 가진 인물도."

"그 정도의 자금력과 영향력이 있는 상단, 여각은 손에 꼽습니다. 저도 떠오르는 이가 있으니 얼른 알아보고 오겠습니다."

반나절이 지나자 전서현이 가쁜 숨을 몰아쉬며 돌아왔어요.

"나리. 아침에 문전 박대를 당하셨다는 그 여각 말입니다. 그 여각 주인이 보릿고개를 대목 삼아 한 건 올리려고 쌀이란 쌀을 모두 사다 모았는데, 그만 너무 많이 내놓은 탓에 오히려 쌀값이 떨어져 버렸답니다. 사람들이 사려는 양보다 더 많이 내놓으니 가격이 떨어진 것이지요. 화가 난 마포 여각 주인이 자신과 거래를 하는 싸전 주인들을 불러 모아 각자 순번을 정해 하루에 한 집만 문을 열고 나머지는 문을 닫아 영업을 못하게 했다고 합니다. 그러자 쌀을 사려는 사람들은 많아졌는데 파는 양은 적으니 값을 두 배로 해도 팔렸던 거지요. 여기에 만족하지 못한 여각 주인은 쌀값을 더 올리기 위해 싸전을 모두 닫아 버렸답니다."

그 말을 들은 세로는 몹시 화가 났어요.

"시전의 횡포로부터 백성을 구하기 위해 독과점을 거두고 자유로운 상업을 하게 해 주었더니 이를 악용할 줄이야! 이런 괘씸한 자를 보았나!"

세로는 이를 갈며 해결 방법을 고민했어요. 그리고 재빨리 똑같은 서찰 두 장을 쓴 다음 전서현에게 건넸어요.

"자네가 그때 내게 은혜를 갚겠다 했지? 이번이 그 은혜를 갚을 기회네. 이 서찰을 동래 상인 정원우 행수와 오하진 행수에게 전달해 주게. 최대한 빨리!"

세로는 서찰에다 한양에서 일어난 일들을 설명하고 간곡한 부탁을 담았어요.

사사로운 이익을 위해 백성들에게 피해를 주는 나쁜 상인 때문에 상업의 자유를 인정해 준 임금님의 큰 뜻이 퇴색될 것 같습니다. 만일 그렇게 되면 백성들에게 허용된 상업의 자유가 다시 사라질지 모릅니다. 뜻있는 상인 여러분께서 조선의 상업 발전을 위해 힘을 보태 주십시오.

세로는 몇날 며칠을 안절부절하며 한양의 상황을 살폈어요. 그러던 어느 날 결국 우려하던 일이 벌어지고 말았어요. 마포 여각 주인의 창고에 쌀이 가득 쌓여 있다는 소문이 돌면서 2주 가까이

쌀 구경을 하지 못한 백성들이 그곳에 모여든 것이에요.

"쌀이 있는 것을 안다! 당장 쌀을 팔아라!"

"빨리 창고 문을 열지 못해! 이 더러운 잡놈들아!"

하지만 여각에 소속된 무뢰배들은 오히려 백성들을 협박했어요.

"이 대문 안으로 한 발이라도 들여놓으면 목숨을 부지하지 못할 줄 알아라. 이 도적놈들아."

"뭐? 도적놈? 우리가 도적놈? 이런 적반하장을 봤나!"

백성들의 분노가 하늘을 찌를 것 같았어요. 그때 누군가가 횃불을 들고 소리쳤어요.

"저 창고를 태워 버립시다! 쌀값 올려 받으려고 꼭꼭 숨겨 놓은 쌀! 저 놈들도 못 건드리게 태워 버립시다!"

"옳소! 불을 놓읍시다!"

그야말로 일촉즉발, 큰일이 벌어지기 직전이었어요. 보다 못한 세로가 백성들의 앞을 막아서며 소리쳤어요.

"여러분! 조금만 참으시오. 이곳에 불을 지르면 여러분도 죄인이 되고 맙니다."

성난 백성들의 귀에 세로의 외침이 들릴 리가 없었어요.

"저놈은 뭐야? 관리인 것 같은데?"

"여각 주인하고 손잡은 부패 관리 아냐?"

"이런 염병할!"

수만 개의 살벌한 눈빛이 쏟아지자 세로는 손을 벌벌 떨었어요.

"자, 잠시만! 지금 내 손에 있는 이 서찰에는 전국의 뜻있는 상인들이 쌀을 모아 한양으로 보내겠다는 내용이 적혀 있습니다. 조금만 기다리면 여기 마포나루에 쌀을 실은 배들이 도착할 것이오. 그러니 조금만, 조금만 기다려 주시오."

세로의 말에 백성들은 잠시 주저했어요. 하지만 한 사내가 성난 목소리로 다시 소리쳤죠.

"그건 그거고! 저 아귀 같은 여각 주인을 그냥 두고 볼 수 없소! 우리 아이들이 배가 고파 울고 있단 말이오! 이보시오들, 창고를

불태워 버립시다!"

세로의 말에 잠깐 흔들렸던 사람들이 다시 횃불을 들고 여각으로 뛰어갔어요. 그런데 바로 그때! 몇몇 사람이 한강 쪽을 가리켰어요.

"어? 배! 배다!"

창고를 향해 달려가던 백성들이 속도를 늦추고 한강 쪽을 바라보았어요. 그러자 마포나루를 향해 들어오는 수십 척의 배들이 보였죠. 배의 돛 꼭대기에는 '쌀(米)'이라고 쓰여 있는 흰색 깃발이 펄럭이고 있었어요. 공포 때문에 마구 방망이질 쳤던 세로의 심장은 이제 기쁨으로 벌렁거렸어요.

"바로 저 배들에 쌀이 실려 있습니다! 쌀을 사려거든 어서 나루터로 가시오!"

백성들은 환호를 지르며 나루로 뛰어갔어요.

"쌀이다! 쌀!"

첫 번째로 정박한 배에서 전서현이 내렸어요. 전서현은 몰려드는 사람들을 보고 꽤 놀란 모양이었어요. 쌀을 사려는 백성들을 헤치고 앞으로 나아간 세로는 서현을 얼싸안았어요.

"서현아, 고맙다! 네가 큰일을 했구나!"

"이 시각에 도착할 줄 어찌 알고 이 많은 사람들이 나루에 모여 있습니까?"

세로는 폭동 직전까지 갔던 상황들을 설명해 주었어요. 그러자 전서현은 더욱 놀랐죠.

"정말 큰일 날 뻔했군요."

전서현은 오하진 행수의 권한으로 다른 상단의 행수들에게 연락을 취해 쌀을 모았다고 했어요. 그리고 정원우 행수는 사비를 털어 쌀을 사서 보냈죠.

"두 행수의 도움이 아니었다면 이 일은 불가능했을 것이다. 그리고 이렇게 빨리 연락을 취하고 쌀을 가져와 준 너의 공도 아주 크구나. 이 고마움을 어찌 갚아야 할지……."

전서현은 아직도 덜덜 떨고 있는 세로의 손을 꼭 잡으며 말했어요.

"나리, 제게 베풀어 주신 은혜를 이렇게라도 갚게 해 주셔서 제가 더 고맙습니다."

세로는 백성들이 쌀을 가져가는 동안 포졸들과 함께 여각 주인을 찾아내 체포했어요. 그리고 의금부로 압송해 심문을 한 결과 여각 주인이 쌀을 사 모을 수 있도록 자금을 대 준 사람이 있다는 것을 밝혀냈어요. 바로 금난전권의 폐지를 강력히 반대했던 이조 판서였죠. 사건의 모든 전말을 보고 받은 임금님은 매우 분노하셨어요.

"이조 판서 강해도는 시전 상인과 한통속이 되어 재산을 불린 것도 모자라 여각 주인과 쌀을 독점하여 부당한 이익을 챙기려는 음모를 꾀했다. 이조 판서 강해도의 관직을 빼앗고 노비 신분으로 강등하라! 그리고 이번 일과 관계있는 모든 사람들을 엄한 벌로 다스리겠다!"

지엄한 임금님의 말씀에 모든 신하들이 벌벌 떨며 고개를 조아

렸어요. 그런데 그때, 대전 안에 꼬르륵 하는 소리가 울려 퍼졌어요. 바로 세로의 뱃속에서 나는 소리였죠.

'며칠 동안 밥을 제대로 못 먹었더니 배 속에서 천둥이 치고 머리도 어지럽네. 아이고, 얼른 집에 가서 따끈하게 지은 밥을 먹고 싶다.'

머릿속이 온통 밥 생각으로 가득 찬 세로는 임금님과 대신들이 자신을 힐끔 쳐다보는 것도 눈치 채지 못했어요. 잠깐의 정적이 흐른 후 임금님은 그동안 준비해 왔던 새로운 법을 공포하셨어요.

"…… 이러한 연유로 새로운 법을……, 백성들의 자유로운 상업 활동은 보호하되 부당하게 이익을 취하려고 물건을 독점하는 행위나 상인들이 서로 짜고 생산량과 물건의 가격을 미리 결정해 막대한 이익을 챙기는 행위는 국법으로 엄중하게 다스릴 것이다."

임금님과 호조 판서, 세로가 함께 준비했던 법이 공포되는 영광스러운 순간이었어요. 하지만 그 중요한 순간에도 세로의 머릿속엔 밥 생각뿐이었죠. 그러자 세로의 배 속에서 또다시 꼬르륵 하는 소리가 났어요. 이번에는 어찌나 크고 우렁찬지 임금님과 신하들 모두 눈이 휘둥그레져 세로를 바라보았죠. 한참 멍하게 있던 세로는 모두의 시선이 자신을 향하고 있다는 걸 눈치 채고 얼른 고개를 숙였어요. 임금님은 결국 참지 못하고 껄껄껄 웃으셨죠.

"짐의 명보다 자네의 배 속이 더 지엄한 것 같군. 사건을 조사하느라 식사도 제대로 못한 모양이니, 이세로 그대는 지금 당장 집으로 돌아가 뜨끈한 밥을 먹으라!"

"성은이 망극……, 아니……, 명 받잡겠습니다. 꼬르르륵."

세로의 배도 함께 대답을 하자 대전은 웃음바다가 되었어요. 얼굴이 빨개진 세로는 대전을 뒤로하고 허둥지둥 궁을 나왔어요. 그리고 골목골목마다 퍼져 나오는 갓 지은 밥 냄새를 맡으며 집으로 뛰어갔답니다.

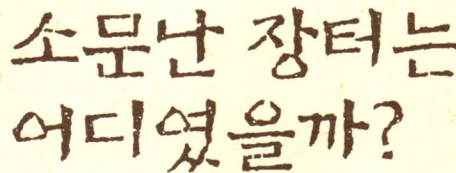

소문난 장터는 어디였을까?

이름난 장터

1. 강경장

강경장은 금강 하구에 있는 장터로, 조선 시대 전라도와 충청도 상업의 중심지였습니다. 조선 말에는 대구장, 평양장과 함께 전국 3대 시장으로 불렸습니다. 강경장에서는 전라도와 충청도의 쌀, 잡곡, 소가죽 등의 물품이 거래되었습니다. 서해에서 나는 해산물과 외국의 물건들도 강경장을 통해 전국의 시장으로 전해졌습니다. 요즘에도 매월 4일·9일·14일·19일·24일·29일에 열리는 강경장과 강경젓갈시장이 열립니다.

2. 송파장

송파장은 한강을 중심으로 발달한 장터입니다. 조선 후기, 상업이 발달하면서 원주·춘천·충주·정선·영월·단양 등 한강 상류 지역에서 오는 각종 물품이 송파로 모여 들었습니다. 당시 송파는 경기도에 속했기 때문에 송파장 상인들은 금난전권을 가진 시전 상인들의 방해 없이 마음 놓고 장사할 수 있었습니다. 5일·10일장으로 기록되어 있지만 거의 매일 장이 섰으며, 장터 주변에는 여각·주막·대장간 등의 점포가 즐비했습니다.

3. 원산장

원산은 함경남도 영흥만에 있는 도시로, 큰 항구가 있어 각지의 어선들이 모여 들었고 한강만큼 상업 활동이 활발했습니다. 정조 임금 때 대형 시장으로 발전했습니다.

특수 시장

1. 약령시

약령시는 중국에서 수입한 약재와 조선에서 재배한 약재를 판매하는 약재 시장입니다. 1년에 두 번, 열흘 이상 장이 섰는데, 약재가 많이 나는 경상도·강원도·전라도에서 관리하기 편리한 세 곳에 약령시가 섰습니다. 약령시는 각 도의 관리인 관찰사가 관리했으며, 중앙의 관리가 약령시로 나와 중국 청나라에 보내는 약재나 조선의 조정에서 필요한 약재를 구입했습니다. 각 지역에서 생산된 약재는 약령시를 통해 조선 시대의 의료 기관에 보내졌습니다. 대구 약령시는 오늘날까지도 이어지고 있습니다.

2. 파시

파시는 해산물을 파는 시장으로 주로 서해안에 많았고, 물고기가 많이 잡히는 계절에 열렸습니다. 영광 법성포 조기 파시의 규모가 가장 컸으며, 연평도의 조기 파시, 거문도와 청산도의 고등어 파시, 추자도의 멸치 파시가 전해집니다.

3. 우시장

우시장이란 주로 소를 사고파는 시장이지만 소뿐만 아니라 양이나 돼지, 염소 같은 가축들도 거래되는 '가축 시장'이었습니다. 조선 시대 대부분의 장터에서는 가축을 파는 구역을 따로 정해 두었지만, 상업이 점점 발달하면서 우시장은 독립된 하나의 시장으로 성장했습니다. 오늘날의 우시장은 소고기를 함께 팔기도 하지만 조선 시대에는 먹기 위해 소를 파는 일은 흔치 않았습니다.

평양시에 있던 우시장

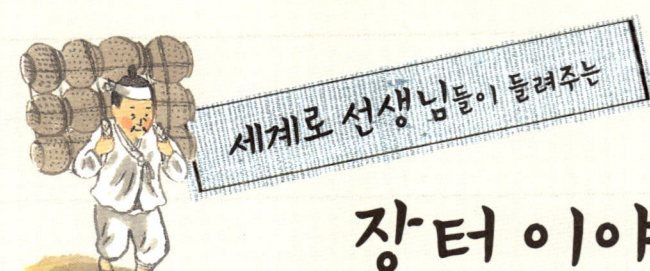

장터 이야기

이선비와 함께한 장터 여행은 재미있었나요?

여러분은 물건을 사기 위해 어디로 가나요?

백화점, 슈퍼마켓, 골목마다 있는 편의점, 또 이제는 온라인 쇼핑몰처럼 눈에 보이지 않는 시장까지 생겨나 직접 가지 않고도 집에서 주문하고 배달까지 받을 수 있게 되었습니다.

이렇게 오늘날에는 무언가 필요할 때 물건을 살 수 있는 곳이 다양해져 원하는 것을 언제든 편리하게 살 수 있게 되었습니다.

그러나 교통과 통신이 발달하지 못했던 옛날에는 물건을 사고 운송하는 일도, 사람들이 만나고 소식을 전하는 일도 쉽지 않았습니다.

그런 시대에 장터는 지금과는 다른 큰 의미를 지니고 있었습니다.

장터는 단순히 물건을 사고파는 일 외에 사람들이 모여 소식을 주고받고 정보를 나누며 함께 공유할 수 있는 거의 유일한 통로가 되었던 곳입니다.

장터는 사람들의 말과 생각이 모이는 곳이었고, 그 지역 특유의 분위기가 잘 드러나는 곳이었습니다.

지금도 국회의원 선거 때가 되면 후보자들은 먼저 자신이 출마한 지역의 시장을 찾아 유세를 한답니다. 시장이 여전히 사람과 사람들의 생각이 모이는 곳이라고 판단하기 때문입니다.

또 어떤 여행가는 어느 곳을 여행하더라도 시장을 꼭 가 본다고 합니다.

왜냐하면 시장은 그 지역만의 특별함을 가장 잘 간직하고 있는 곳이기 때문이랍니다.

주변을 살펴보세요. 우리에게도 그 지역만의 전통과 독특한 정서를 간직한 시장들이 많이 남아 있습니다.

물건을 구입할 때 편의점이나 수퍼마켓, 대형 마트가 편리하겠지만 가끔은 내가 살고 있는 지역의 시장을 찾아가 보세요.

다른 도시를 여행하게 될 때엔 꼭 그 지역의 시장을 찾아가 특산물이 무엇인지 확인도 하고 장사하시는 아저씨, 아줌마들과 이야기도 하며 그곳만의 특징과 정서를 체험하는 기회를 가져 보았으면 좋겠습니다.

이세로가 살던 조선 시대의 장터는 역사적으로 이어져 지금의 시장으로 발전했고 그 지역 특산물과 농민, 상인들이 만든 시장은 바로 우리의 전통문화이니까요.

사진 출처

22 옛날 경기도 평택 시장 _ 북앤포토

38 보부상 _ 국립민속박물관

39 김준근, 〈넉넉한 객주〉, 《기산풍속도첩》, 19세기말, 무명에 채색, 28.5*35cm _ 독일 함부르크민족학박물관

78 김만덕 _ 제주 김만덕기념관

97 육의전 터 _ 위키피디아

97 칠패시장 터 _ 위키피디아

119 평양시 우시장 _ 북앤포토

이선비, 장터에 가다

펴낸날 2016년 12월 25일 초판 1쇄, 2025년 2월 15일 초판 7쇄
글·기획 세계로 | **동화** 황문숙 | **그림** 경혜원
펴낸이 신광수 | **출판사업본부장** 강윤구 | **출판개발실장** 위귀영
아동인문파트 김희선, 설예지, 이현지 | **출판디자인팀** 최진아, 박지연 | **저작권** 김마이, 이아람
출판사업팀 이용복, 민현기, 우광일, 김선영, 이강원, 신지애, 허성배, 정유, 정슬기, 정재욱, 박세화, 김종민, 정영묵, 전지현
출판지원파트 이형배, 이주연, 이우성, 전효정, 장현우
펴낸곳 (주)미래엔 | **등록** 1950년 11월 1일 제16-67호 | **주소** 서울시 서초구 신반포로 321
전화 미래엔 고객센터 1800-8890 | **팩스** 541-8249 | **홈페이지 주소** http://www.mirae-n.com

ⓒ 세계로, 경혜원 2016

ISBN 978-89-378-8922-6 74910
ISBN 978-89-378-4587-1 (세트)

* 파본은 구입처에서 교환해 드리며, 관련 법령에 따라 환불해 드립니다. 다만, 제품 훼손 시 환불이 불가능합니다.

KC 마크는 이 제품이 공통안전기준에 적합하였음을 의미합니다.
사용 연령: 8세 이상